Bibliografische Information der Deutschen Nationalbibliothek:

Die Deutsche Bibliothek verzeichnet diese Publikation in der Deutschen National-
bibliografie; detaillierte bibliografische Daten sind im Internet über http://dnb.d-
nb.de/ abrufbar.

Dieses Werk sowie alle darin enthaltenen einzelnen Beiträge und Abbildungen
sind urheberrechtlich geschützt. Jede Verwertung, die nicht ausdrücklich vom
Urheberrechtsschutz zugelassen ist, bedarf der vorherigen Zustimmung des Verla-
ges. Das gilt insbesondere für Vervielfältigungen, Bearbeitungen, Übersetzungen,
Mikroverfilmungen, Auswertungen durch Datenbanken und für die Einspeicherung
und Verarbeitung in elektronische Systeme. Alle Rechte, auch die des auszugsweisen
Nachdrucks, der fotomechanischen Wiedergabe (einschließlich Mikrokopie) sowie
der Auswertung durch Datenbanken oder ähnliche Einrichtungen, vorbehalten.

Impressum:

Copyright © 2019 GRIN Verlag
Druck und Bindung: Books on Demand GmbH, Norderstedt Germany
ISBN: 9783346112545

Dieses Buch bei GRIN:

https://www.grin.com/document/514591

Anonym

Alterität in Bilderbüchern. Eine Bilderbuchanalyse des Silent Books "Fledereule Eulenmaus" von Marie Louise Fitzpatrick

GRIN Verlag

GRIN - Your knowledge has value

Der GRIN Verlag publiziert seit 1998 wissenschaftliche Arbeiten von Studenten, Hochschullehrern und anderen Akademikern als eBook und gedrucktes Buch. Die Verlagswebsite www.grin.com ist die ideale Plattform zur Veröffentlichung von Hausarbeiten, Abschlussarbeiten, wissenschaftlichen Aufsätzen, Dissertationen und Fachbüchern.

Besuchen Sie uns im Internet:

http://www.grin.com/

http://www.facebook.com/grincom

http://www.twitter.com/grin_com

Alterität in Bilderbüchern

Eine exemplarische Bilderbuchanalyse des Silent Books

"Fledereule Eulenmaus" von Marie Louise Fitzpatrick

Modulprüfung im Rahmen des Seminars
"Bilderbuch - Theorie und Analyse, Bücher und Apps"

Inhaltsverzeichnis

1. Einleitung	2
2. Bilderbuch	3
3. Silent Book	4
3.1 Definition	4
3.2 Silent Books und die Sprachenvielfalt in der Schule	4
4. Interkulturalität	6
5 Fremde in der interkulturellen Literaturwissenschaft	7
5.1 Fremdheit und Alterität	7
5.2 Facetten der Fremde	8
5.3 Modi des Fremderlebens	9
5.4 Empathie	11
5.5 Die psychologische Erklärung für Vorurteile	12
6 Analyse des ausgewählten Bilderbuches	13
6.1 Paratextuelle und Materielle Dimension	13
6.2 Narrative Dimension	14
6.3 Verbale Dimension	16
6.4 Bildliche Dimension	16
6.5 Intermodale Dimension	18
6.8 Interpretation	**18**
7. Einsatzmöglichkeit in der Grundschule	21
8. Fazit	22
Quellenangaben	**24**
Primärliteratur:	24
Sekundärliteratur:	24

1. Einleitung

Alterität und die damit verbundene Angst vor dem Fremden ist eine Erscheinung, welche in der gesamten Menschheitsgeschichte zu finden ist. Auch in der heutigen Zeit ist das Thema omnipräsent.[1] Angesichts von Flüchtlingskrisen, steigender Migration und der Verkleinerung der Welt, sind kulturelle Differenzen und das Empfinden von Fremde allgegenwärtig und im öffentlichen Interesse. Eine Vielfalt von Kulturen auf einem engen Ballungsraum führt vielerorts zu Fremdenhass und Rassismus. Das könnte mit ein Grund dafür sein, dass sich diese Thematik in der Kinder- und Jugendliteratur etabliert hat. Es werden Importe "aus anderen Sprachen und kulturellen Kontexten genutzt" (Hurrelmann, Richter 1998, 7), um Begegnungen mit diesem Motiv zu schaffen, welche das Fremde aufheben, es näher bringen und es verständlicher machen sollen. Kinder begegnen neuen, noch unbekannten Dingen aufgeschlossener als Erwachsene, welche sich im Laufe ihres Lebens an ihre Kultur und Lebensweise gewöhnt haben. Kinder sind unvoreingenommener und oftmals neugierig. Dies kann man nutzen und ihnen durch Kommunikation interkulturelles Lernen ermöglichen.[2] Die vorliegende Bilderbuchanalyse setzt hier ein und beschäftigt sich mit der Frage, wie das Motiv des Andersseins in Bilderbüchern aufgegriffen wird. Exemplarisch hierfür wird das Silent Book "Fledereule Eulenmaus" von Marie-Louise Fitzpatrick näher betrachtet.

Die irländische Autorin Marie-Louise Fitzpatrick wurde in Dublin geboren und lebt mittlerweile in Wicklow, Irland. Bereits mit vier Jahren hegte sie den Wunsch eine Künstlerin zu werden und wurde dabei stets von ihren Eltern unterstützt. Um dieses Ziel zu verfolgen, studierte sie Grafik-Design in Dublin und ist seit dem Abschluss erfolgreiche Illustratorin und Autorin einer Vielzahl von Bilderbüchern. Einige ihrer Werke wurden bereits mehrfach ausgezeichnet und in über 15 verschiedenen Ländern publiziert.[3][4]

Das Bilderbuch "Fledereule Eulenmaus", für welches eine Altersempfehlung ab vier Jahren ausgesprochen wurde, behandelt Themen, wie zum Beispiel Vorurteile, dem Anderssein, die Fremde, aber auch Familie und Freundschaft. Durch die anregende Komposition der Themen und einem spannenden Verlauf der Geschichte, eignet sich dieses Bilderbuch, um die unterschiedlichsten Themen an Kinder heranzuführen. Das Bilderbuch kommt dabei ganz ohne Worte aus und erzählt anhand von großen, aussagekräftigen Bildern seine Geschichte.

---

[1] Vgl. Oeser 2015, 465
[2] Vgl. Hurrelmann, Richter 1998, 7ff.
[3] Vgl. Marie-Louise Fitzpatrick 2018
[4] Vgl. Fischerverlag.de 2019: Marie-Louise Fitzpatrick

Im Folgenden werden zunächst die theoretischen Grundlagen ausgearbeitet, danach das Bilderbuch nach dem fünfdimensionalen Modell von M.Staiger analysiert und anschließend auf Grundlage der ausgearbeiteten Erkenntnisse interpretiert. Abschließend folgt ein zusammenfassendes Fazit.

2. Bilderbuch

Jens Thiele (2003, 71) ordnet das Bilderbuch als "eine spezielle Untergattung der Kinderliteratur" ein, welche "in der Regel 30 Buchseiten nicht überschreitet und sich durch eine enge Wechselbeziehung von Bild und Text auszeichnet". Somit ist das Bilderbuch kein eigenes Genre, sondern ein Medium der Kinder- und Jugendliteratur. Es kann die unterschiedlichsten Gattungen enthalten, wie Märchen, Lyrik oder aber auch Gebrauchsliteratur. Auch die Illustrationen innerhalb des Bilderbuches spielen eine bedeutende Rolle. Vor Allem dann, wenn die Illustration spezifisch "auf den Adressaten Kind gerichtet ist." Kindern "im Vorschulalter wird ein genuines Bildinteresse zugebilligt, durch das das Erlernen des Lesens erleichtert und gefördert werden kann" (Thiele 2000, 11). Dies ist mitunter ein Grund dafür, dass Thiele (ebd.,11) Kinder und Bilderbücher als "zwei untrennbare Teile ansieht" und das Bilderbuch selbst sogar als das "Kind adäquateste Informations- und Unterhaltungsmedium".

Das Bilderbuch entwickelte sich im Laufe des 19. Jahrhunderts. Die Erfindung des Buchdruckes machte es möglich, Bilderbücher einfacher zu vervielfältigen. Von Beginn an wurden sie von zwei unterschiedlichen "Einflüssen gleichermaßen geprägt": der literarischen und der bildlichen Kunst. Dadurch verknüpft es das "Lesen als zentrale Kulturtechnik und das Sehen als gesellschaftlich lenkender Prozess" (ebd., 12).[5] Die dem Leser dargebotenen bildlichen und verbale Reize stehen "in Abhängigkeit und Wechselwirkung zueinander" (Staiger 2014, 12). Eine Besonderheit ist, dass sich bei den Illustrationen meist nicht um freie künstlerische Werke handelt. Kunst verpflichtet sich für gewöhnlich keinen Adressaten. Anders ist es in Bilderbüchern, die künstlerisch oftmals harmlos, einfach und kindgemäß gestaltet sind. Die Illustrationen sind "stets in einem impliziten pädagogischen Kontext erdacht, produziert und rezipiert" (Thiele 2000, 11).[6]

---

[5] Vgl. Thiele 2000, 12
[6] Vgl. ebd., 11f.

3. Silent Book

3.1 Definition

Das Silent Book ist eine Sonderform der Bilderbücher. In der Regel arbeiten Bilderbücher mit "multimedialen Texten", was bedeutet, dass sie "zwei verschiedene Zeichensysteme miteinander" (ebd., 12) verknüpfen, indem es mit Bild- und Schrifttext arbeitet. Ein Silent Book hingegen, verzichtet auf den Schrifttext und erzählt eine Geschichte durch eine rein bildliche Dimension. Dadurch ist es dem Leser möglich, der Geschichte eine Stimme zu geben und eine eigene, individuelle Geschichte zu erzählen. Die auf Bildern basierende Narration ist ein Grund dafür, dass Silent Books auch textlose Bilderbücher genannt werden. [7]

Die Illustrationen innerhalb der Silent Books können sowohl in Farbe, als auch schwarz-weiss gestaltet und mit digitalen Medien oder traditionell gezeichnet sein. Der visuellen Sprache werden keine Grenzen gesetzt. Dadurch können Sprach- oder auch Altersbarrieren überwunden werden.[8] Dies kann vor allem dann ein Vorteil sein, wenn man mit Kindern arbeitet, die nicht dieselbe Sprache sprechen oder man eine Fremdsprache näher bringen möchte. Man gibt jedem die Chance, dem Verlauf der Geschichte zu folgen, auch wenn man die Sprache nicht vollständig versteht. Mit der Hilfe der Bilder können Lücken, die durch fehlende Sprachkenntnisse entstehen, gefüllt werden.
Allerdings verzichten auch Silent Books nicht gänzlich auf Schriftzeichen. Auf dem Buchcover ist meistens der Titel, Autor oder der Verlag zu finden. Außerdem sind Peri- und Epitexte oder weitere inhaltliche, sowie formale Beschreibungen möglich.[9]
Wie auch herkömmliche Bilderbücher, erzählen Silent Books durch Handlungs- und Raumzeichen. Ersteres sind die interagierenden Charaktere oder Objekte. Raumzeichen geben Hinweise auf den Schauplatz der Geschichte und stellen die Szenerie dar.[10]

3.2 Silent Books und die Sprachenvielfalt

Menschen haben das Bedürfnis sich zu verständigen. Sie wollen miteinander kommunizieren und in den Kontakt zu anderen Lebewesen treten, sei es aus sozialen oder pragmatischen Gründen. So entwickelten sich im Laufe der Jahrhunderte viele

---

[7] Vgl. Kümmerling-Meibauer 2014, Chapter 5
[8] Vgl. Comune di Mulazzo e Associazione Montereggio Paese dei Librai (o.J.)
[9] Vgl. Kümmerling-Meibauer 2014, Chapter 5
[10] Vgl. Krafft 1978, 45ff.

unterschiedliche Sprachen auf der Welt. Bereits in der Steinzeit kommunizierten Menschen miteinander. Die Sprache stellte einen Evolutionsvorteil für die Sprechenden dar, da die Gruppen, die sich untereinander verständigen konnten, anderen, feindlichen Gegnern voraus waren. Sie hatten die Möglichkeit taktisch und geplant zu agieren. Dadurch wurde die Sprache nicht nur ein Mittel zur Verständigung, sondern auch der Abgrenzung einer Gemeinschaft zu anderen.[11]

Auch in der Gegenwart gibt es "viele kleinere Sprachgemeinschaften" und "nur wenige umfassende Weltsprachen" (Prenting; Schäblitz 2008, 21). Sprechen Menschen nicht dieselbe Sprache, gestaltet sich eine flüssige, reibungslose Verständigung oftmals schwierig, was in Ländern mit einer mehrsprachigen Bevölkerung zu Problemen und gegenseitiger Abgrenzung führen kann. Aber eine Sprachenvielfalt bietet nicht nur Nachteile. Jede Sprache ist Ausdruck ihrer Kultur und ist reich an Gedankengut. Sie zeigt unterschiedliche Denk-, Verhaltens- und Umgangsweisen auf. Auch eine Sprachenvielfalt innerhalb einer Gesellschaft bringt Vorteile mit sich. So wachsen viele Kinder heutzutage beispielsweise mehrsprachig auf und beherrschen neben ihrer Muttersprache, weitere Sprachen oder Dialekte.[12] Dies wirkt sich auch auf die Schulen aus, da Schülerinnen und Schüler innerhalb einer Klasse nur selten alle eine gemeinsame Muttersprache haben. Ein Silent Book kann auf unterschiedlichste Weisen eingesetzt werden, um diese Sprachenvielfalt zu thematisieren und dadurch eventuell sogar Barrieren aufzuheben, die durch Sprache entstehen.

Ein Buch ohne Worte ermöglicht jeder Schülerin und jedem Schüler, dem Bilderbuch und damit der Geschichte zu folgen und diese zu verstehen, auch wenn sie unterschiedliche Sprachen sprechen. Die ausdrucksstarken Bilder erzählen durch ihre genaue Schilderung des Geschehens eine Geschichte. Man sagt nicht umsonst, ein Bild sagt mehr als tausend Worte. Außerdem könne die Kinder mit der Hilfe ihrer Phantasie eine eigene, individuelle Geschichte in den Bildern erkennen, sowie ihre persönlichen Erfahrungen und Erlebnisse einbringen. Darauf könnte man aufbauen und die Kinder ihre eigene Geschichte erzählen oder sogar aufschreiben lassen. Die entstehenden Geschichten werden sich natürlich differenzieren und der verwndete Wortschatz, die Länge der Erzählung, der Satzbau und anderes dem Niveau des jeweiligen Kindes gleichen. Schwächere, aber auch starke Schüler kann man beispielsweise durch die Vorgaben einzelner Wörter oder durch eine ausführliche Besprechung der Handlung der Geschichte unterstützen.

---

[11] Vgl. Prenting; Schäblitz 2008, 19
[12] Vgl. ebd., 20f.

Somit bietet das Silent Book einen Anlass zum Sprechen und Schreiben. Aber auch die entstandenen individuellen Geschichten bieten mit ihren Unterschieden einen Anlass zur Diskussion.
Neben dem Einsatz im Deutschunterricht, kann man das Silent Books, ebenfalls im Fremdsprachenunterricht nutzen. Die in der Muttersprache besprochene Geschichte kann in der Fremdsprache wiederholt werden. Dadurch ist es den Schülerinnen und Schülern leichter möglich, dem Geschichtsverlauf zu folgen und neue Vokabeln mit visueller Unterstützung aus dem Kontext heraus zu verstehen.

4. Interkulturalität

Interkulturalität besteht aus dem lateinischen Präfix "inter-", dies bedeutet soviel wie "unter" oder "zwischen", und dem Nomen "Kultur". Als Kultur versteht man hierbei "die Gesamtheit der geistigen und artistischen Leistungen einer Gemeinschaft, die für die Ausbildung ihrer Identität als sozialer Gruppe (politischer Nation, sprachlicher Gemeinschaft etc.) konstitutiv angesehen werden kann" (Hofmann 2006, 9). Innerhalb einer Kultur sind zwei unterschiedliche Faktoren von Bedeutung: Menschen sind umgeben von Symbolen, welche eine spezifische Bedeutung tragen. Diese Symbole sind in jeder Kultur individuell. Unterschiedliche Symbole oder Bedeutungen und die damit verbundenen Werte, Gepflogenheiten und Wertvorstellungen formen die Identität einer Gemeinschaft und grenzt diese Gruppe von anderen ab.[13]

In der Realität sind die unterschiedlichen Kulturen auch innerhalb der eigenen Kreise nicht durchweg homogen. Es gibt eine große Anzahl von Kriterien, die die Orientierung einzelner Gruppierungen innerhalb einer Kultur beeinflussen können, wie beispielsweise das Geschlecht, die Religion, der Beruf oder die soziale Zugehörigkeit. Jedes Individuum ist einerseits mit seiner kulturellen Gemeinschaft vernetzt, andererseits ist man stets fähig, eigene Entscheidungen zu treffen oder eine, sich von der Gruppe unterscheidende, Meinung zu bilden. Diese Unterschiede innerhalb einer Kultur bezeichnet man auch als intrakulturelle Differenzen oder Alteritäten.[14]

In der interkulturellen Literaturwissenschaft versteht man die Kultur nicht als eine Ansammlung bestimmter Zuschreiben, die in einer spezifischen Gruppe immer homogen ist und durch welche sich diese Gruppe von anderen Gruppierungen unterscheidet, sondern vielmehr als ein vorübergehendes Resultat "eines unabschließbaren Prozesses. Kulturelle

---
[13] Vgl. Hofmann 2006, 9f.
[14] Vgl. ebd., 10

Differenz ist in diesem Verständnis kein Zustand", sondern "das Ergebnis einer Zuschreibung, die sich in einem Prozess der Begegnung vollzieht" (ebd., 11). Kultur ist ein demnach wandelbares Phänomen, welches sich erst durch die Interaktionsprozesse innerhalb einzelner Gruppierungen entwickelt. Durch diese individuellen Prozesse bilden sich "wechselseitige Differenzidentifikationen", die sich in einem intermediären Austausch, also zwischen dieser Gruppierung und einer anderen, herauskristallisieren. "Die Untersuchung interkultureller Kommunikation bezieht sich somit auf kommunikative Akte zwischen Personen, die sich mittels kultureller Zeichen als voneinander unterschiedlich identifizieren" (ebd., 11f.).[15]

Mit anderen Worten gesagt, entstehen Differenzen zwischen Kulturen erst in der Begegnung von mindestens zwei Subjekten. Durch den gegenseitigen Austausch dieser Subjekte ist es möglich, Differenzen zu erfahren. Dadurch gibt es keine klaren Grenzen zwischen Kulturen oder einzelnen Individuen, sie entstehen in jeder Begegnung individuell und von neuem. Dieses Konzept kann selbstverständlich nicht mit Ansichten übereinstimmen, die von "ethnisch homogenen Kulturen oder Literatur ausgehen. (...) Mit dem Begriff Interkulturalität" wird eher eine Grenzüberschreitung in den Blick genommen, bei der weder eine (...) Innerhalb oder Außerhalb gefasste Grenze noch die Grenze zum eigentlichen Untersuchungsgegenstand wird, sondern das *Inter* selbst" (ebd., 12).[16]

Menschen werden von unterschiedlichen "Sprachen, Ordnungen, Diskursen, Systemen der Wahrnehmung, Begehren, Emotionen" und "Bewusstseinsprozessen" beeinflusst. Das Subjekt stellt einen mehrfach codierten "Knoten- und Kreuzpunkt" dar, was bedeutet, dass sich die "personale wie kollektive Identität" je nach "Kontext, Situation und Referenzrahmen" formt. Auch in der Literatur ist es möglich, "multiperspektivische, ambivalente und vieldeutige Texte zu erzeugen und damit der Komplexität einer polyzentrischen Welt gerecht zu werden. (...) So bietet der intertextuell geprägte Umgang mit literarischen Texten ein Modell und ein Trainingsfeld für den Umgang mit mehrfach codierten, komplexen Identitäten" (ebd., 13).[17]

5 Fremde in der interkulturellen Literaturwissenschaft

5.1 Fremdheit und Alterität

Alterität ist laut dem Duden (2019) eine "partielle interkulturelle Andersartigkeit und Verschiedenheit" oder die "Identität stiftende Verschiedenheit zweier aufeinander

---

[15] Vgl. ebd., 11f.
[16] Vgl. ebd., 12
[17] Vgl. ebd., 13

bezogener, sich bedingender Identitäten". Es ist eine Abgrenzung von zwei sich unterscheidenden Individuen und die Unterscheidung der eigenen Identität von dem Anderen.

Alterität kann sich sowohl positiv als auch negativ äußern. Ersteres ist die Xenophilie, die Vorliebe für das Fremde. Das Phänomen, dass Menschen das möchten, was sie nicht haben, ist weitreichend bekannt. So missen zum Beispiel Menschen, die in der Stadt wohnen, den Ozean oder umgekehrt, Menschen die auf dem Land leben, würden gerne in Städten wohnen.

Allerdings kann Alterität auch als Xenophobie auftreten. Dieser Begriff steht vor allem für die Angst vor dem Fremden. "Fremd" ist laut Hofmann (2008, 14) aber keineswegs eine Eigenschaft einer bestimmten Person, sondern vielmehr ein "relationaler Begriff". Ein Individuum sieht eine Person als fremd an, wenn ihm die Erfahrung mit dieser fehlt. Die Person entspricht nicht "dem Erfahrungszusammenhang und dem Erwartungshorizont" des Individuums. Die Erfahrung des Fremden entsteht durch die Konfrontation mit nicht vertrauter Umgebung und durch das Verlassen des eigenen Bereiches. "Fremd ist, was von fremder Art ist und als fremdartig gilt. Hier erscheint das Fremde als das Unvertraute, als das, was in seiner Erscheinung und möglicherweise auch in seinem „Wesen" als grundsätzlich verschieden von dem Subjekt betrachtet wird, von dem die Bestimmung ausgeht." (ebd., 15)[18]

5.2 Facetten der Fremde

Das deutsche Wort "fremd" trägt mehrere Bedeutungen in sich. Einerseits bedeutet es, "außerhalb des eigenen Bereichs", andererseits kann es auch das ansprechen, "was einem anderen gehört", wie "der Aspekt der Nationalität". Oder man nutzt es im Sinne von "fremdartig" und "unvertraut" (ebd., 15). Gutjahr (1954, 360) nutzt diese unterschiedlichen Auslegungen des Wortes und fasst sie in drei Facetten der Fremdheit zusammen:
"Fremde als Alteritätsrelation zur Selbstbestimmung lässt sich unter räumlicher Perspektive unter drei prinzipiellen Erscheinungsformen fassen: zum einen als das Jenseitige, prinzipiell Unverfügbare und Unzugängliche; zum andern als das unbekannte Draußen, das dem vertrauten Raum, sei es in dem eigenen Körper, der Familie oder der sozialen Gruppe, entgegengesetzt ist; und schließlich als Einbruch in einen als eigendefinierten Innenraum."
Demnach ist auch laut Gutjahr das Fremde keine Eigenschaft, die man einer Person, einer Gemeinschaft oder einem ganzen Volk zuschreiben kann. Die Fremde entsteht erst durch die Konfrontation von mindestens zwei Parteien, die ihre Unterschiede erkennen und daher

---

[18] Vgl. ebd., 14f.

Grenzen zwischen dem eigenen Individuum und dem sich unterscheidenden Gegenüber ziehen.[19]

Eine sehr radikale Fremdheitserfahrung ist die Konfrontation mit dem Tod. Dieses Beispiel verdeutlicht gleichzeitig, dass Fremdheit nicht immer vertraut werden kann. In diesem Fall ist es nicht möglich, die Grenzen des Fremden zu überwinden, da der Tod für lebende Wesen immer unzugänglich ist.

Weniger extrem ist eine Facette der Fremdheitserfahrung, welche durch die Begegnung mit dem vorerst Unbekannten entsteht, das einem die Möglichkeit des Kennenlernens und der Wissensbereicherung bietet. In der Literaturwissenschaft ist das Reisen ein positiv behafteter Prototyp dieser Erfahrung. Man reist in das noch neue, unbekannte Land, entdeckt Kulturen, Gerichte oder ähnliches und bereichert dadurch das Selbst und den eigenen Erfahrungshorizont.

Tritt eine Person in den eigenen Bereich und die "Aufnahme" dieser Person in diesen Bereich stellt ein Problem dar, ist dies eine weitere Fremdheitserfahrung. Oftmals muss erst herausgefunden werden, ob diese unbekannte Person gut- oder bösartig ist, ob sie wohlgesinnt oder bedrohlich ist. Diese Unwissenheit muss überwunden werden, um die Fremdheit aufzuheben. Allerdings muss die Fremde in diesem Fall nicht zwangsläufig negativ sein, sie kann ebenfalls Neugierde oder Faszination auslösen. Diese Form der Fremdheitserfahrung ist in literarischen Werken, wie zum Beispiel in dem Motiv des Heimkehrers, der durch seinen Aufenthalt an einem unbekannten Ort, zu einer anderen Persönlichkeit wurde, wieder zu finden. Oder auch einem Doppelgänger, der gleichzeitig etwas Vertrautes und doch etwas Fremdes oder Befremdliches repräsentiert.

Die vierte und letzte Fremdheitserfahrung kann ein Individuum in sich selbst erfahren. Damit ist gemeint, dass der Mensch auch in sich selbst etwas Fremdes entdecken kann, dass einen überrascht, verunsichert oder sogar verängstigt.[20]

5.3 Modi des Fremderlebens

Schäfer (1991) beschreibt, über die Facetten hinaus, die Art und Weise, wie man mit dem Fremden umgeht. Er nennt vier "Modi des Fremderlebens", die sowohl positiv und damit dem Fremden gegenüber offen sein können, als auch negativ und damit eher verschlossen. Die Fremdheit als "abgetrennte Ursprünglichkeit" ist die erste Form. Darunter ist zu verstehen, dass alles und jeder einen gemeinsamen Ursprung hat, welcher durch unterschiedliche, kulturell bedingte Entwicklungen differenziert wurde. Ein Individuum

---

[19] Vgl. ebd., 14ff.
[20] Vgl. ebd., 16ff.

entwickelt sich im Laufe seines Lebens und eignet sich gewisse Eigenheiten an, die es von anderen Individuen unterscheidet. Der Ursprung ist einerseits eine verbindende Einheit, die man durch die individuelle Entwicklung verliert und andererseits eine Stufe in der Entwicklung, die man überwinden muss, um das eigene Individuum zu formen. [21] Diese Form bedingt zugleich, dass das Eigene des Individuums ohne die Anerkennung des Fremden nicht möglich wäre. Man muss die Unterschiede anerkennen, um zwischen dem "Ich" und dem "Fremden" Grenzen zu ziehen und dem Selbst Eigenheiten zusprechen. Dennoch ist das Fremde niemals gänzlich unbekannt. Man trägt durch den gemeinsamen Ursprung die Grundlage zur Akzeptanz aller Unterschiede, die man in anderen erkennt, in sich, da diese Unterschiede nur durch individuelle Entwicklungswege entstehen. Jeder der diesen Weg gehen würde, kann die gleichen Eigenschaften ausbilden. "Indem man sich auf „existentielle transkulturelle Erfahrungen" beruft, wird die Fremdheit der anderen Kultur oder Persönlichkeit auf der gemeinsamen Grundlage eines allgemein Menschlichen erfahrbar, so wie grundsätzlich jedes hermeneutische Vorgehen ein gemeinsames „Vorverständnis" als Grundlage von Fremdverstehen vorauszusetzen hat" (Schäfer 1991 in Hofmann 2006, 21).[22] Die zweite Form des Fremderlebens unterscheidet sich deutlich von dem ersten Modus. Das Eigene und das Fremde werden als unvereinbare Gegenbilder angesehen, mit klaren Unterschieden und vor allem Grenzen zwischen dem Selbst und dem Fremden. Man möchte das Eigene bewahren und über das Andere, das "Nicht-Eigene" stellen. Das Andere ist all das, was nicht im inneren des Eigenen zu finden ist. Greift man allerdings den Gedanken wieder auf, dass alles einen gemeinsamen Ursprung hat, so ist das Fremde lediglich das "abgespaltene Eigene" und Verlorene, dass auch zu einer "verdrängten Faszination" führen kann. Doch selbst wenn eine anziehende Wirkung vorhanden ist, die radikalen und klaren Grenzen zwischen dem Eigenen und Fremden bleiben bestehen. Das Eigene ist nicht zwangsläufig ein Individuum, sondern kann auch für eine eingeschworene Gemeinschaft stehen.[23]

Der dritte Modus des Fremderlebens, ist das "Fremde als Ergänzung". Die moderne Welt verändert sich stetig durch die Globalisierung. Die Wirtschaft, Kulturen die Umwelt und andere Faktoren vernetzen sich international. Dies bedingt auch das Öffnen der Grenzen zwischen dem Eigenen und dem Anderen. Das Fremde wird als eine Möglichkeit der Bereicherung des Selbst angesehen. Es ist nicht notwendig, sich schützend Abzugrenzen, da das Unbekannte die Entwicklung des Selbst voranbringt und fördert. "Fremderfahrung ermöglicht Selbsterfahrung auch im Sinne eines Aufdeckens von Lücken und Fehlern"

---

[21] Vgl. Hofmann 2006, 20f.
[22] Vgl. ebd., 20ff.
[23] Vgl. ebd., 22f.

(Hofmann 2006, 23). Bei dieser Entwicklung handelt es sich somit um das Ansammeln "von Daten, Informationen und Fertigkeiten, die der eigenen Entwicklung zugute kommen können" (ebd., 24). Diese Form bringt allerdings die Gefahr mit sich, dass man das besondere Eigene durch die Angleichung an das Äußere vollständig verliert. Man öffnet sich dem Äußeren bedingungslos und ohne dem Eigenen einen besonderen Wert zuzusprechen. Dies gilt es kritisch zu überdenken, da es zu keinem "angemessenen Selbst- und Fremdbezug führen" (ebd., 24) kann.[24]

Der letzte von Schäfer beschriebene Modus, sieht das Fremde als Komplementarität an. Diese Form kritisiert die Vorstellung, dass es einen Ursprung gibt, der allem ähnelt, da man in den unterschiedlichen Kulturen teilweise extreme Unterschiede im Verhalten, im Glauben, bei Essensgewohnheiten, in der Liebe und vielem anderen vorfindet. Können Menschen, die in einer Demokratie leben, die Kulturen verstehen, die eine Diktatur bejubeln und können Europäer verstehen, dass andere Kulturen das Steinigen als angemessene Strafe ansehen? "Folglich wird gerade bei intensiver Auseinandersetzung mit der Unverständlichkeit des Anderen von einem gewissen Punkt ab nicht mehr mit elastischer Akkomodation geantwortet, sondern mit der Feststellung von „Nicht-Verstehbarkeit". Es handelt sich dabei keineswegs um eine Verweigerung von Verstehen, sondern um die Anerkennung einer Grenzerfahrung im Sinne einer bedeutungsvollen Einsicht in eine konkrete Grenzlinie eigener Erfahrungsmöglichkeiten" (Schäfer 1991 in Hofmann 2006, 25). Man akzeptiert, dass es gegenseitige, unbekannte Fremdheit und komplementäre Differenzen gibt, die nicht immer verständlich, aber zu respektieren sind. Diese "Ordnung lebt dabei von einem permanenten „Oszillieren" zwischen Positionen der Eigenheit und der Fremdheit, die sich im wechselseitigen Kontakt gegenseitig hervorrufen" (ebd., 26). Folglich ist es nicht möglich, das Eigene konkret von dem unbekannten Fremden abzugrenzen, da eine Definition aufgrund von fehlendem Wissen unmöglich ist. Durch die fehlende Möglichkeit, das Fremde genau zu bestimmen, ist es ebenfalls nicht möglich, das Eigene zu fixieren und kann daher Ängste und Abwehr in Menschen hervorrufen.[25]

5.4 Empathie

Die frühkindliche Bildung und Erziehung sieht die Schulung des Umganges mit Gefühlen als eine grundlegende Aufgabe an. Neben anderen Gefühlen, spielt vor allem die Empathie eine wichtige Rolle. Empathie ist das Wiedererkennen der eigenen Gefühle in einem Gegenüber. Es geht um eigene Gefühle und Erfahrungen, die man in seinem Leben gemacht hat und

---

[24] Vgl. ebd.,23f.
[25] Vgl. ebd.,24ff.

durch welche man ähnliche Situationen anderer Menschen nachempfinden, beziehungsweise sich sich in diese einfühlen kann. Dabei ist es nicht möglich die Gefühle anderer genau zu erkennen, es fühlt sich lediglich wie ein Erkennen an. Man nähert sich einem anderen durch das eigene Erleben. Die Fähigkeit, sich in jemanden einfühlen zu können ist grundlegend dafür, dass man Mitgefühl oder Mitleid empfinden kann. Allerdings kann man nur vermuten, welche Gedanken und Absichten das Gegenüber hat, da verschiedene Gegebenheiten in unterschiedlichen Personen auch die unterschiedlichsten Gefühle hervorrufen können. Man weiß nie, was ein Mensch gerade fühlt und vor allem,: wie es sich für diesen einen Menschen anfühlt. Für den einen mag es zum Beispiel unvorstellbar sein, zu erblinden, ein anderer aber, kann glücklich leben ohne jemals gesehen zu haben. Welche Emotionen man einem anderen zuschreibt, sagt oft mehr über die eigenen Gefühle, als die des anderen aus. [26] Empathie ist somit ein "Sich-hinein-Denken" mit dem Bewusstsein, dass es sich nicht um das eigene, sondern ein fremdes Empfinden handelt. "Ansatzweise wird damit auch schon Rollenübernahme erreicht, nämlich ein Bewusstsein, dass die Befindlichkeit eigentlich einer anderen Person" (Hurrelmann, Richter 1998, 182f.) entspringt.

Dr. Starke, Fachärztin für Psychiatrie und Psychotherapie, und Dr. Thomas Hess, Facharzt für Kinder- und Jugendpsychiatrie, erforschten Empathie genauer und sind der Ansicht, dass Kinder, die ihre Empathiefähigkeit verloren haben, diese durch gezielte Trainingsmaßnahmen wieder erlernen können. Selbst wenn die Fähigkeit, Empathie zu erkennen, nur sehr gering ausgeprägt ist, kann man Menschen durch gezielte Übungen zeigen, wie sie Rückschlüsse aus anderen ziehen können, um so das Gegenüber zu "lesen" (Starke und Hess in Hering 2018, 16). Empathiefähigkeit ist "ein wichtiger Faktor, der zu hoher Sozialkompetenz beiträgt." (ebd., 16). [27]

5.5 Die psychologische Erklärung für Vorurteile

Hering (2018, S.19) sieht für das Aufkommen von Vorurteilen eine psychologisch Grundlage. Er erklärt, dass Menschen zum Zwecke "der Orientierung in einer komplexen Lebenswirklichkeit" dazu neigen, "die soziale Umgebung zu kategorisieren und diese Kategorien zu bewerten". Um eine "soziale Identität" aufzubauen neigt man dazu, "die eigene soziale Gruppe besser zu bewerten als eine soziale Fremdgruppe", welcher man nicht zugehörig ist. Daraus resultieren unterschiedliche "Einstellungs- und

---
[26] Vgl. Starke und Hess in Hering 2018, 15
[27] Vgl. ebd., 16

Urteilsverzerrungen", wie "geringere Sympathiewerte, Schuldzuschreibungen, Ausschluss, Kontaktvermeidung" oder die "Ungleichbehandlung der Mitglieder fremder Gruppen."

6 Analyse des ausgewählten Bilderbuches

Im Folgenden soll die narrative Potenz des Bilderbuches systematisch erschlossen werden. Dabei muss beachtet werden, dass "die Bilderbuchanalyse keinem starren Schema folgen" kann, vielmehr sollte auf die unterschiedlichen und individuellen Schichten jedes Buches, sowie auf die "dramaturgischen und thematischen Besonderheiten eingegangen" (Thiele 2000, 13) werden.

Die Analyse orientiert sich an dem fünfdimensionalen Modell der Bilderbuchanalyse von Michael Staiger (2014, 12). Da es sich bei dem vorliegenden Buch um ein textloses Bilderbuch handelt, konnten nicht alle Dimensionen gleichermaßen analysiert werden.

6.1 Paratextuelle und Materielle Dimension

Das Bilderbuch "Fledereule Eulenmaus" wurde von der Autorin Marie Louise Fitzpatrick sowohl verfasst, als auch illustriert. Die Originalausgabe wurde von dem Walker Books Verlag in London im Jahr 2016 veröffentlicht und trug den Titel "OWL BAT BAT OWL". Die deutschsprachige Ausgabe erschien im Februar 2017 im Fischer Verlag in Frankfurt am Main.[28] Diese Ausgabe ist die zur Analyse vorliegende. Das Bilderbuch beinhaltet selbst keine Altersempfehlung, der Fischer Verlag spricht jedoch eine Empfehlung für Kinder ab vier Jahren aus.[29]

Das Bilderbuch liegt im Querformat vor und hat die genauen Maße von 289mm x 208mm x 12mm. Mit einem Gewicht von 405g ist es durchaus portabel und handlich. Neben 16 Blättern, ohne Seitenangaben und somit insgesamt 32 Seiten, ist das Buch in ein Vorsatzpapier gefasst. Es ist als Hardcover gebunden. Das Papier ist glatt und eher dick, wodurch es robust und zur mehrfachen Nutzung angemessen wirkt.

Der Einband ist aufgeschlagen ein doppelseitiges, zusammenhängendes Bild. Auf dem Buchdeckel sind die beiden Mütter mit ihren jeweils kleinsten Kindern zu sehen, während die anderen zwei Kinder, auf dem hinteren Teil des Einbandes zu sehen sind. Alle sitzen auf oder hängen an dem Ast, der auch in der Geschichte als Kulisse dient. Auf zusätzliche, dekorative Elemente, welche nicht im Bilderbuch erscheinen, wurde verzichtet. Das Cover wurde mit den wichtigsten Informationen versehen: der Autor und der Verlag in schlichter,

---

[28] Vgl. Fitzpatrick 2017, 1
[29] Vgl. Fischerverlag.de 2019: Marie-Louise Fitzpatrick: Fledereule Eulenmaus

schwarzer Schrift und dem Titel in gelben Großbuchstaben. Diese Informationen sind ebenfalls auf dem Buchrücken zu finden. Auf der Rückseite des Einbandes ist eine kurze Zusammenfassung des Inhaltes, welche anstelle der Tiere zentral innerhalb des Mondes platziert wurde. Durch diese Platzierung fokussiert man den einzigen Text, der Informationen zu den Inhalten des Bilderbuches liefert. Bis auf die sprachlichen Elemente sind alle Illustrationen des Covers innerhalb des Bilderbuches zu finden.

Der in blauen Farbtönen gestaltete Vorsatz des Buches ist vorne und hinten identisch. Auf einem dunkelblauen Hintergrund sind hellblaue Linien zu erkennen, die von rechts nach links strömen und in vier Kreiseln enden. Diese Linien sind ein Vorbote für den Höhepunkt der Geschichte: Sie stellen den Sturm dar, der die beiden Tierfamilien in Gefahr bringt.[30]

Die Bilder innerhalb der Geschichte sind großflächig gedruckt, wirken dennoch sehr ruhig. Dies liegt z.B. daran, dass immer die selbe Kulisse abgebildet ist und immer dasselbe Farbspektrum, Blau, Grün und Orange, genutzt wird.

6.2 Narrative Dimension

Das Bilderbuch "Fledereule Eulenmaus" erzählt anhand von Bildern die Geschichte zweier unterschiedlicher Familien, die ungewollt aufeinandertreffen.

Es beginnt mit einer Eulenfamilie, welche es sich auf einem Baum, mitten in der Natur, bequem gemacht hat. Neben der Eulenmutter sitzen drei Eulenkinder unterschiedlichen Alters auf einem Ast und dösen vor sich hin. Doch ihre Ruhe wird von einer anfliegenden Fledermausfamilie, die ebenfalls aus einer Mutter und drei Kindern besteht, unterbrochen. Sie lassen sich auf demselben Ast, allerdings auf der Unterseite hängend, nieder. Beide Familien wirken bei ihrem ersten Aufeinandertreffen erschrocken, bleiben aber beide an Ort und Stelle. Als die zwei kleinsten Kinder anfangen sich neugierig zu beäugen, wirken die beiden Mütter nicht sonderlich froh und schubsen ihre Kleinen ein Stück auf die gegenüberliegende Seite, sodass sie so weit wie möglich voneinander entfernt sind. Auch als die zwei jüngsten Kinder nochmals versuchen, in den Kontakt zu treten, unterbinden das die Mütter und weisen sie daraufhin zurecht. Anschließend versuchen beide Familien jeweils auf ihrer Seite des Astes zu schlafen. Doch plötzlich tritt ein starker Sturm auf, der alle Kinder hinfort weht. Die beiden Mütter versuchen verzweifelt ihre Kinder wieder zu finden und bringen die verängstigten Kinder peu à peu, in Zusammenarbeit, zurück auf den gemeinsamen Ast. Die Freude, dass alle wieder da sind und keinem etwas passiert ist, lässt die beiden Familien näher zusammenrücken. Die Berührungsängste verschwinden und

---

[30] Vgl. Staiger 2014, 20f.

letztendlich erkennen die Mütter, dass sie vielleicht nicht ganz so unterschiedlich sind, wie sie anfangs dachten.[31]

Der Handlungsaufbau ist durch einen klaren Spannungsbogen dramaturgisch gegliedert. Nach der Exposition der Eulenfamilie, die friedlich auf ihrem Ast ruht, folgt die Krise in Form von Fremden, die in den Lebensraum der Eulenfamilie eintreten. Darauf folgt der Höhepunkt der Spannung, ein Sturm, der alle Handlungsträger in Gefahr bringt. Durch gemeinsame Unterstützung wird die Gefahr überwunden und letztendlich kommt es zu einem Happy End sowie der Lehre, dass man trotz gewisser Differenzen gemeinsam und glücklich leben kann.

Die Geschichte kann aus mindestens zwei Perspektiven geschildert werden. Nutzt man das Buch auf herkömmliche Weise, erweckt es zunächst den Eindruck, es wird aus der Perspektive der Eulenfamilie erzählt. Doch dreht man das Buch um 180 Grad, erlebt man die Geschichte aus dem Blickwinkel der Fledermäuse.

Darüber hinaus gibt es noch ein weiteres Pärchen, das kurz nach dem Erscheinen der Fledermäuse, in das Geschehen eintritt: zwei unterschiedliche Spinnen. Auch die Spinnen, von denen eine ein Kreuz trägt und die andere nicht, haben vorerst Berührungsängste. Sie laufen zwar aufeinander zu, kehren sich aber wieder den Rücken zu, kurz bevor sie aufeinander treffen. Auch sie werden von dem Sturm auseinander gewirbelt. Erschrocken helfen die beiden Spinnen den verzweifelten Müttern durch Wegweisungen ihre Kinder wieder zu finden und auch sie finden letztendlich auf dem Ast wieder zusammen.

Auch wenn die Perspektive der Fledermausfamilie oder der Spinnen teilweise lückenhaft ist, lässt sich die Geschichte auch aus der Sicht dieser Handlungsträger einfach erzählen. Dadurch zeigt das Buch, dass man manchmal die Perspektive wechseln muss, um andere zu verstehen und zu erkennen, dass man nicht immer so unterschiedlich ist, wie es scheint. Auch wenn man sich dafür erst auf dem Kopf stellen muss.

Die Handlungsträger der Geschichte sind eine Fledermausmutter und eine Eulenmutter mit jeweils drei Kindern. Dass es sich hierbei um Mütter handelt, ist nicht klar zu deuten, es könnten auch Väter sein. Auch die Kinder der beiden und die Spinnen sind geschlechtsneutral gezeichnet. Ebenfalls ist nur durch die unterschiedlichen Größen der Kinder zu vermuten, dass sie ein unterschiedliches Alter haben. Des Weiteren haben die Tiere, trotz natürlichem Zeichenstil, Anzeichen von Vermenschlichungen. Diese Personifikation ist vor allem durch die Mimik und Gestik zu erkennen. Die Handlungsträger agieren wie Menschen, sie umarmen sich, sie tanzen oder halten ihre Flügel, wie Menschen ihre Hände halten. Insgesamt sind Vermenschlichungen jedoch eher geringfügig. Auch Tiere

---

[31] Vgl. Staiger 2014, 15f.

können Emotionen wie Angst, Freude oder Muttergefühle zeigen. Des Weiteren nutzen die Handlungsträger keine Worte oder sprechen wie ein Mensch. Da allerdings eine abstrakte Eigenschaft der Menschen, wie der Umgang mit Alterität oder das schließen von Freundschaften, auf Tiere übertragen wurde, sind die Tiere eher als Personifikationen einzuordnen. Insgesant ist zu sagen, dass die fiktive Geschicht sehr realistisch wirkt, als könnte sie in ihren Grundzügen auch wirklich in einem Wald passieren, in dem unterschiedliche Tierarten aufeinander treffen.

Alle Figuren befinden sich in derselben Szenerie. Der Schauplatz, ein idyllischer Baum, inmitten von Natur, wechselt im Geschichtsverlauf nicht. Während man auf dem ersten Bild einen weiteren Ausschnitt des Baumes, mehrere Äste und andere Tiere, wie Vögel, Eichhörnchen und Bienen sieht, sind die folgenden Bilder auf den Ast fokussiert, auf dem die Eulen sitzen. Der Ausschnitt, des zu sehenden Baumes, wurde verkleinert, sodass nur noch die Eulenfamilie auf ihrem persönlichen Ast zu sehen ist. Dieser Ast, ist der Schauplatz der folgenden Szenen und wirkt zunächst sehr harmonisch und idyllisch, wie ein herkömmlicher Ast, mitten in einem ruhigen, grünen Wald in der Dämmerung.

6.3 Verbale Dimension

Wie bereits erwähnt, verzichtet die Tiergeschichte auf jegliche sprachlichen Mittel. Da die Geschichte durch Bilder erzählt wird und man einen Einblick in die aufeinanderfolgenden, chronologisch geordneten Geschehnisse erhält, wirkt es, als wäre der Erzähltempus das Präsens. Man erlebt die augenscheinlich gegenwärtige und geradlinig verlaufende Geschichte unmittelbar mit. Die Wortwahl, der Satzbau oder die Satzlänge, mit der das Bilderbuch erzählt oder gelesen wird, obliegt dem Leser und Erzähler der Geschichte. Dabei sind der Phantasie keine Grenzen gesetzt. Das Bilderbuch selbst gibt nichts als die Bilder vor. Man kann sich passende Reime ausdenken, einen Rhythmus einbauen oder auch unterschiedliche Sprachstile für die Figuren wählen.[32]

6.4 Bildliche Dimension

Die Szenerie der Geschichte ist von Anfang bis Ende dieselbe. Die computerbasierten Illustrationen zeigen erst einen größeren Ausschnitt eines Baumes und anschließend, einen bestimmten Ast dieses Baumes fokussiert. Der Linienverlauf ist hauptsächlich durch die Form des Baumes bestimmt und somit einerseits horizontal, wie beispielsweise der Ast und andererseits vertikal, wie der Stamm oder die nebeneinander gereihten Eulen und

---

[32] Vgl. ebd., 17f.

Fledermäuse. Insgesamt werden eher ruhige, angenehme und natürlich wirkende Farben verwendet: Blau, Grün, Gelb und etwas Lila. Dennoch sind die Hauptfiguren durch Farbkontraste hervorgehoben. Die gelblichen Eulen stechen auf dem hellblauen Hintergrund sofort ins Auge, während die Fledermäuse mit lila Flügeln, also in der Komplementärfarbe zu der Farbe Gelb, gezeichnet wurden.

Die Geschichte beginnt kurz vor Sonnenuntergang. Dies ist vor allem an den letzten Sonnenstrahlen auf dem Rücken der Eulen auf dem erste n Bild zu erkennen. Schon auf dem zweiten Bild sind die Strahlen der Sonne nicht mehr zu erblicken. Der hellblaue Hintergrund wird zu Beginn der Nacht dunkelblau und beeinflusst mit Einbruch der Nacht auch die anderen Farben, die nun einen bläuliche Note tragen. Dies ist allerdings nicht die einzige Änderung in der Szenerie. Nachdem der Hintergrund beginnt die Farbe zu wechseln, kommt Bewegung in Form von Kreiseln hinzu. Diese stellen einen Sturm dar, welcher die Tiere auseinander wirbelt. Er ist so stark, dass der horizontale Linienverlauf des Astes aufgehoben wird.

Als letztendlich nur noch die Mütter übrig und alle anderen verschwunden sind, ist der Hintergrund dunkelblau, ohne Bewegung oder eine Lichtquelle. Nur die verzweifelt blickenden Mütter schwingen aufgeregt ihre Flügel und beginnen ihre Kinder zu suchen. Mit den ersten beiden gefundenen Schützlingen tritt der Mond in Erscheinung. Er verleiht der Szenerie einen hoffnungsvollen Schimmer.

Die runde Form des Mondes ist konträr zu dem bisherigen, horizontalen und vertikalen Linienverlauf, zusätzlich durch die hellgelbe Farbe auf dem dunkelblauen Himmel hervorgehoben und findet in der Mitte des Bildes seinen festen Platz, bis zum vorletzten Bild. Nachdem die Mütter alle ihre Kinder auf den Ast zurückgebracht haben, rücken die beiden Familien näher zusammen und finden sich alle innerhalb der gelben Fläche des Mondes wieder. Eine letzte Änderung ist im letzten Bild zu sehen: der Mond steigt weiter auf und der dunkelblaue Himmel wird erstmals um leuchtende, hellgelbe Sterne ergänzt.

Da sich der schlichte Hintergrund von Bild zu Bild nur geringfügig und lediglich passend zum Geschichtsverlauf verändert, sind stets die Figuren im Mittelpunkt. Sie sind permanent fokussiert und nehmen einen großen Teil der Bildfläche ein.

Der bildnerische Stil ist grafisch. Allerdings erwecken die Zentralperspektive und der breite, weiße Bildrand den Anschein, es handle sich bei den Bildern um Fotografien. Die enge Bildfolge stellt die Phasen einzelner und dicht aufeinanderfolgenden Handlungen dar. Der Betrachter kann die Bildergeschichte verstehen, ohne komplexe, prozessuale Verbindungen herzustellen.

Das Geschehen spielt sich in einer kurzen Zeitspanne ab, von der Dämmerung bis ungefähr um Mitternacht, wenn der Mond am höchsten steht. Die unterschiedlichen Bildfolgen werden zu einer Zeitfolge. So erkennt man beispielsweise durch die Färbung des Hintergrundes, dass die Nacht immer weiter voranschreitet.

Insgesamt wirken die Bilder eher flächig, sind allerdings mit Nachbildungen von Oberflächenstrukturen, wie der Maserung des Holzes oder der Flächenstruktur der Fledermausflügel, versehen. Bis auf zwei Ausnahmen entspricht ein Bild einer Einzelseite. Nur die Anfangsszenerie und der Höhepunkt der Spannungskurve sind auf einer Doppelseite ausgebreitet und wirken dadurch besonders eindrücklich.

Der Bildverlauf ermöglicht es, mit page turns zu arbeiten. An mehreren Stellen könnte der Rezipient sich fragen, was ihn beim Umblättern erwartet. Dies erzeugt vor allem Spannung, wie zum Beispiel in der Szene, in der ein Sturm alle durcheinander wirbelt und man sich fragt, was nun passieren könnte. Die Unbestimmtheitsstellen geben dem Leser die Möglichkeit, eigene Vorstellungen zu entwickeln. Die Bilder sind so gestaltet, dass man sich beim Lesen der Bilder schnell passende Geräusche oder die Stimmung der Handlungsträger erdenken kann.[33]

6.5 Intermodale Dimension

Das vorliegende Bilderbuch arbeitet mit einem rein bildlichen Zeichensystem. Die narrativen Informationen müssen mit Hilfe der Bilder gedeutet werden, daher kann das Verhältnis von Bild und Text nicht analysiert werden.[34]

6.8 Interpretation

Wie bereits erwähnt, erzählt Marie-Louise Fitzpatrick ihre Geschichte lediglich anhand von Bildern, verzichtet auf jegliche sprachliche Mitteilung und spricht Themen wie das Anderssein, Freundschaft oder Hilfsbereitschaft an. Es ist kein Text notwendig um dem Verlauf des Bilderbuches zu folgen, da die Handlung nicht sonderlich komplex ist. Durch die ausdrucksstarke Mimik der Protagonisten ist es möglich, Gedanken und Gefühle zu erahnen und zu interpretieren, ohne sprachlich darauf hingewiesen zu werden. Die gesamte Geschichte entsteht erst beim Betrachten der Bilder im Kopf des individuellen Lesers.

Zu Beginn der Geschichte verweilen die Eulen friedlich in ihrer natürlichen Umgebung. Der Ast ist ihre Heimat, in der sie sich sie wohlfühlen. Doch plötzlich werden sie mit fremdartigen

---
[33] Vgl. ebd., 18f.
[34] Vgl. ebd., 19f.

Ankömmlingen konfrontiert, die ihnen weder optisch, noch in der Verhaltensweise ähneln. Eulen sitzen beispielsweise auf einem Ast, die Fledermäuse hingegen, hängen kopfüber. Obwohl der Ast genug Platz für beide Tierfamilien bieten würde, erkennen die Mütter sofort, dass die neuen Nachbarn anders sind und grenzen sich deutlich von ihnen ab. Es wirkt so, als sehen die Mütter das jeweilige Gegenüber als etwas Befremdliches an. Sie befinden sich in einer Situation, in der sie dazu gebracht werden, sich mehr oder weniger unfreiwillig mit der Fremdheit des Gegenübers auseinanderzusetzen. Die Gesichtsausdrücke deuten darauf hin, dass sie irritiert von der Andersartigkeit sind und sind nicht bereit, sich diesem Fremden zu öffnen oder anzupassen. Auch ihren Schützlingen verbieten die Tiermütter den Kontakt zu dem Gegenüber.

Gänzlich unterschiedlich reagieren die kleinsten Kinder: es macht den Anschein, dass sie das Unbekannte als interessant empfinden, treten in den Kontakt zueinander, bis hin zur eine Akkomodation an das Fremde durch die Übernahme der Verhaltensweisen. Das Eulenkind sitzt nicht mehr auf dem Ast, sondern hängt, wie die Fledermäuse, kopfüber. Als dies geschieht, greifen die Mütter sofort ein. Sie sind nicht bereit, ihre eigenen Grenzen zu überschreiten, sich dem Anderen zu öffnen und nehmen ihre Schützlinge zurechtweisend zur Seite. Die Kleinen sollen sich an die bekannten Verhaltensweisen halten und ihrer sozialen Gruppe bleiben.

In dieser Szene werden deutlich interkulturelle Differenzen angesprochen. Es treffen zwei unterschiedliche Gruppierungen mit verschiedenen Gepflogenheiten und Wertvorstellungen aufeinander. Die Fremdheitserfahrung bewirkt bei den Tiermüttern die Abgrenzung der eigenen Identität gegenüber dem Anderen. Das Eigene und das Fremde treten als unvereinbare Gegenbilder auf. Da sie das das Eigene bewahren möchten, bewerten sie ihre angehörige soziale Gruppe besser als die Fremde, was zur Kontaktvermeidung und Urteilsverzerrungen führt. Das "Nicht-Eigene" wird mit Vorurteilen behaftet, ohne es wirklich zu kennen.

Dennoch sind diese Differenzen nicht für alle Protagonisten ein Grund dafür ist, sich abzugrenzen. Die zwei kleinsten Handlungsträger sehen in der Begegnung mit dem vorerst Unbekannten eine Möglichkeit des Kennenlernens und der Wissensbereicherung sehen. Sie wirken dem Neuen gegenüber neugierig, versuchen dieses kennenzulernen und erproben ihre Fähigkeiten und überschreiten die eigenen Grenzen.

Die zwei Tierfamilien unterscheiden sich sowohl in den Verhaltensweisen, als auch in ihrem Erscheinungsbild deutlich voneinander. Während die Eulenfamilie arttypisch in Federn gekleidet ist, haben Fledermäuse nackte, knochige Flügel und einen von Fell besetzten

Körper. Ähnliches ist in unserer Gesellschaft vorzufinden: es gibt eine Vielzahl von unterschiedlichen Kulturen, die beispielsweise ihre typischen Kleidungsstile mit sich bringen. Aber auch das körperliche Erscheinungsbild von Menschen unterscheidet sich teilweise erheblich. Kinder werden tagtäglich mit anderem Aussehen konfrontiert. Man kann allerdings nicht von einer äußeren Erscheinung auf das Innere der Menschen schließen, denn trotz optischer Differenzen kann man ähnliche Wertvorstellungen teilen. Während Kinder dem Fremden gegenüber oftmals noch unvoreingenommen sind, wie auch in der Geschichte, schreiben Erwachse, unterschiedlichen Erscheinungsbildern spezifische Merkmale zu. Diese vorschnellen Vorurteile gilt es kritisch zu überdenken, um Ängste vor der Fremde zu vermeiden und die Chancen, welche Vielfalt beinhalten kann, zu erkennen.

Da das Bilderbuch textlos ist, ermöglicht es jedem Rezipient, die Geschichte zu verstehen, unabhängig davon, welche Sprachen man beherrscht. Annähernd wie in einem Fotoalbum, kann man die großen, bunten Bilder durchblättern und sich in die jeweilige Situation hineinversetzten. Aber nicht nur aus der Perspektive der Eulenfamile. Durch das Wenden des Buches um 180 Grad, erlebt man die Geschichte aus der Sicht der Fledermäuse. Liest man das Buch "normal", stellen diese das Fremde dar, das in den Wohlfühlraum der Eulen eintritt. Durch den Perspektivwechsel kann man erkennen, dass beide eine ähnliche Situation durchleben, sowie ähnliche Reaktionen auf das Gegenüber aufzeigen und eventuell sogar dasselbe Empfinden. Man erkennt, dass die optischen Differenzen belanglos für die Gefühle sind, die die Handlungsträger im Laufe der Geschichte durchleben. Wenn man die inneren Werte fokussiert, ist das Fremde eigentlich gar nicht so fremd, denn in beiden Tierfamilien ist die Sicherheit der Liebsten das Wichtigste und eine Ablehnung gegenüber dem Fremden unbegründet. Letztendlich erkennen auch die Tiermütter ihre eigenen Gefühle und Gedanken in ihrem Gegenüber wieder. Die Gefahr, dass mit ihren Kindern etwas passieren könnte, weckt in ihnen empathische Gefühle, die mit einer Akzeptanz der Differenzen einhergeht. Sie befinden sich in derselben Situation und können die Ängste des Anderen nachempfinden, weshalb sie schließlich auch zusammenarbeiten und sich gegenseitig unterstützen. Die Fremdheitserfahrung bewirkte letztendlich also eine Neustrukturierung des Selbst und eine Akkomodation an das Andere. [35]

Alterität erscheint in diesem Bilderbuch in den den Erlebnissen der Handlungsträgern. Andere Möglichkeiten wären, dass sich Fremdheit "in der Polyvalenz eines Textes (...) als Strukturelement" zeigt oder in Auseinandersetzung mit der Lebenswelt des Rezipienten in

---

[35] Birk in Roeder 2014, 28ff.

der Beziehung zwischen literarischem Werk und" (Birk in Roeder 2014, 28) Leser erscheint.[36]

7. Einsatzmöglichkeit in der Grundschule

Das Bilderbuch "Fledereule Eulenmaus" eignet sich gut, um Kindern das Einnehmen von verschiedenen Sichtweisen zu demonstrieren, da die jeweilige Geschichte von zwei, wenn man genauer hinsieht sogar aus drei unterschiedlichen Blickwinkeln betrachtet werden kann. Sie zeigt, dass man oftmals vorschnell über das Andere, das Fremde und sein Gegenüber urteilt, ohne es näher kennenzulernen und das Fremdheitserfahrungen durchaus zu einer Selbstbereicherung führen können.

Schlägt man das Silent Book das erste Mal auf und blättert es durch, erlebt man die Geschehnisse aus der Sicht der Eulenfamilie. Wendet man das Buch um 180 Grad, erlebt man dieselbe Geschichte durch die Erfahrungswelt der Fledermausfamilie.

Durch diese besondere Eigenschaft des Buches können Kinder lernen, unterschiedliche Rollen und Sichtweisen zu proben oder einzunehmen. Diese Übungen sind wichtig, um die "angeborenen Spiegelsysteme" zu fördern und zu erweitern. Das physische Drehen des Buches verdeutlicht, dass man die Geschichte nun aus einer anderen Perspektive betrachtet und macht es verständlicher, dass man gleichzeitig auch die Sicht einer anderen Hauptfigur einnimmt. Daher stellt das Silent Book ein "geeignetes und passendes Beziehungsangebot" dar, um Perspektivwechsel und empathisches Vermögen näher zu erkunden (Twrsnick in Hering 2018, 18).[37]

Neben dem Perspektivwechsel, gibt es weitere Einsatzmöglichkeiten in der Grundschule. Man kann mit Schülerinnen und Schülern das Erzählen von Geschichten üben, sei es schriftlich oder mündlich. Die heranwachsenden Leserinnen und Leser können die Geschichte sowohl gedanklich, als auch wörtlich oder schriftlich in eigene Worte gefasst werden. Hierfür ist es notwendig, dass man das Handeln der Handlungsträger nachvollziehen kann. Gibt man Kindern genug Zeit, um sich mit dem Bilderbuch auseinanderzusetzen und diese für sich zu interpretieren, können sie eigene innere Bilder sowie Gefühle entwickeln und, auf der Grundlage ihres empathischen Vermögens, das Handeln der Protagonisten nachvollziehen. Jedem Rezipient ist es möglich, individuelle narrative Strukturen zu bilden und mit der Hilfe seiner bisherigen Lebenserfahrungen eine

---
[36] ebd., 28
[37] Vgl. Twrsnick in Hering 2018,18

eigene, innere Bildwelt entstehen zu lassen, die auch den Charakteren im Bilderbuch sich unterscheidende Eigenschaften verleiht.[38]

8. Fazit

Die Frage, an welcher sich die vorliegende Arbeit orientierte war, wie das Motiv des Andersseins in Bilderbüchern aufgegriffen wird. Marie-Louise Fitzpatrick hat es geschafft, in dem Bilderbuch "Fledereule Eulenmaus" unterschiedliche Facetten der Alterität, durch die Erlebnisse der Protagonisten, zu verdeutlichen Fremdheitserfahrung entsteht in der Begegnung mit etwas vorerst Unbekannten. Dieses Unbekannte bietet dem Selbst die Möglichkeit einer Bereicherung und kann faszinieren. Auf der anderen Seite kann es auch Ängste auslösen. Beispielsweise aus Gründen wie Selbstschutz zieht man für sich klare Grenzen zwischen dem Eigenen und dem Fremden und bewertet die eigene Identität besser als andere. Die eigene Kultur, an die man sich im Laufe der Lebensjahre gewöhnt hat, wird besser, als das Unbekannte empfunden. Dies empfinden auch die Tiermütter in der Geschichte. Anfangs sehen sie keinen Grund, sich dem Fremden zu öffnen und grenzen sich, unter anderem, durch das physische Entfernen voneinander ab. Nur die Kleinsten erkennen die Faszination, welche im noch Unbekannten liegt. Allerdings wird diese Neugier, wie auch häufig im realen Leben, von den Erwachsenen unterbunden. Sie denken, sie wüssten, was besser für Kinder ist, auch wenn sie mit vorschnellen Vorurteilen nicht immer richtig liegen und dies erst später erkennen.

Das textlose Format des Bilderbuches bietet den Vorteil, dass jeder Rezipient die Bilder individuell deuten kann. Durch den Verzicht auf sprachlich ausformulierte Erzählungen, können keine sprachlichen Verständnisbarrieren entstehen. Jeder Leser hat die Möglichkeit, ein eigenes Verständnis von der Geschichte zu entwickeln und seine Erlebnisse und Erfahrungen mit einzubringen. Hat man die Geschichte einmal für sich verstanden, kann man das Buch ganz einfach kopfüber lesen und eine neue Perspektive einnehmen. Dadurch erlernt man ein Geschehen aus einem anderen Blickwinkel zu sehen.

Insgesamt sind die Illustrationen schlicht gehalten und unterscheiden sich in der Bildfolge teilweise nur geringfügig, daher wurde bei der Analyse auf die Interpretation des autonomen Einzelbildes weitgehend verzichtet und eher die Bildfolge und die Änderungen innerhalb der Illustrationen betrachtet. Dies nimmt dem Buch die Komplexität und erleichtert es Kindern eventuell, ein Verständnis für dieses ästhetische Kunstwerk aufzubauen.

---

[38] Vgl. Twrsnick in Hering 2018,18

Auch die künstlerischen Fähigkeiten sind hervorzuheben. Die Illustrationen sind liebevoll und emotional mitreißend gestaltet. Alleine durch die Mimik und Gestik der relativ naturalistisch gezeichneten Tiere ist es möglich, ihre Gedankengänge und Gefühle nachzuvollziehen und der Geschichte zu folgen. Die zusätzlich eingebaute Geschichte der Spinnen, die man nicht auf den ersten Blick entdeckt, kann dazu animieren, die Bilder genauer zu betrachten und dadurch noch mehr zu entdecken, das man herauslesen und interpretieren könnte.

Auch wenn die Familien sich optisch klar unterscheiden, sie haben doch immer etwas, das sie verbindet. Die Anzahl und das Alter der Kinder, die Liebe zu und Angst der Muttertiere um diese, die Umgangsformen innerhalb der Familie oder die Emotionen und Gefühle. Am Ende der Geschichte schaffen es beide Familien durch diese Verbundenheiten ihre Unterschiede zu überwinden und nicht nur zu kooperieren, sondern auch gemeinsam zu leben, zu lachen und die Nacht zu genießen. Der Ast, der eigentlich von Beginn an Platz für alle bot, wird letztendlich auch zur Heimat aller.

Das Bilderbuch "Fledereule Eulenmaus" bietet seinen jungen Rezipienten die Möglichkeit, sich mit Thematiken wie dem Fremdverstehen und interkulturellen Differenzen auseinanderzusetzen. In Zeiten von Migration, Flucht und internationalen Wanderungen sind diese Themen in der Lebenswelt der Kinder allgegenwärtig. Sie treffen tagtäglich auf Menschen die anders sind, als sie selbst. Doch durch das Heranführen und Sensibilisieren der Kinder an Fremdheitserfahrung, ist es ihnen eventuell möglich, die positiven Aspekte der Fremde zu erkennen und sich im gegenseitigen Austausch weiterzuentwickeln.

Quellenangaben

Primärliteratur:

Fitzpatrick, Marie-Louise (2017): Fledereule, Eulenmaus. Frankfurt am Main: Fischer Sauerländer Verlag

Sekundärliteratur:

Birk, Charlotte (o.J.): Die Wordless Graphic Novel. Alterität und didaktische Perspektiven im Werk "Ein neues Land" von Shaun Tan. In: Roeder, Caroline (2014): PH lesenswert – Online-Magazin des Zentrums für Literaturdidaktik – Kinder Jugend Medien (ZeLd) der Pädagogischen Hochschule Ludwigsburg. URL: https://www.ph-ludwigsburg.de/fileadmin/subsites/2b-akjl-t-01/user_files/ph_lesenswert/PHle senswert_Ausgabe_1_2014.pdf (abgerufen am 09.04.20197)

Comune di Mulazzo e Associazione Montereggio Paese dei Librai (o.J.): Silent Book Contest 2017. The first international contest for illustrated Silent Books. URL: http://www.silentbookcontest.com/www.silentbookcontest.com/contestEN.html (abgerufen am 09.04.20197)

Dudenredaktion (2019): Alterität. URL: https://www.duden.de/rechtschreibung/Alteritaet (abgerufen am 09.04.20197)

Dudenredaktion (2019): Xenophilie. URL: https://www.duden.de/rechtschreibung/Xenophilie (abgerufen am 09.04.20197)

Dudenredaktion (2019): Xenophobie. URL: https://www.duden.de/rechtschreibung/Xenophobie (abgerufen am 09.04.20197)

Fischerverlag.de (2019): Marie-Louise Fitzpatrick. URL: https://www.fischerverlage.de/autor/marie-louise_fitzpatrick/a2495015 (abgerufen am 09.04.2019).

Fischerverlag.de (2019): Marie-Louise Fitzpatrick: Fledereule Eulenmaus. URL: https://www.fischerverlage.de/buch/marie-louise_fitzpatrick_fledereule_eulenmaus/9783737 354851 (abgerufen am 09.04.2019).

Fitzpatrick, Marie-Louise (2019): About me. URL: https://www.marielouisefitzpatrick.com/about-me/ (abgerufen am 05.05.2019).

Gutjahr, Ortrud (1954): Alterität und Interkulturalität. In: Hofmann, Michael (2006): Interkulturelle Literaturwissenschaft. Eine Einführung. Paderborn: Wilhelm Fink Verlag

Hering, Jochen (2018): Mit dem Herzen beim anderen. Empathie im Bilderbuch. Einbeck: Verlag Das Netz

Hofmann, Michael (2006): Interkulturelle Literaturwissenschaft. Eine Einführung. Paderborn: Wilhelm Fink Verlag

Hurrelmann, Bettina; Richter, Karin (1998): Das Fremde in der Kinder- und Jugendliteratur. Interkulturelle Perspektiven. München: Juventa Verlag

Krafft, Ulrich (1978): Comics lesen. Untersuchungen zur Textualität von Comics. Stuttgart: Klett

Kümmerling-Meibauer, Bettina (2014): Picturebooks. Representation and Narration. New York: Routledge

Oeser, Erhard (2015): Die Angst vor dem Fremden. Die Wurzeln der Xenophobie. Darmstadt: Theiss Verlag

Prenting, Melanie; Schäblitz, Norbert (2008): Sprache - Denken - (Medien)Wirklichkeit. Paderborn: Schöningh Verlag

Schäffter, Ortfried (1991): Das Fremde. Erfahrungsmöglichkeiten zwischen Faszination und Bedrohung. Opladen 1991. In: Hofmann, Michael (2006): Interkulturelle Literaturwissenschaft. Eine Einführung. Paderborn: Wilhelm Fink Verlag

Staiger, Michael (2014): Erzählen mit Schrift-Bildtext-Kombination. Ein fünfdimensionales Modell der Bilderbuchanalyse. In: Knopf, Julia; Abraham, Ulf (2014): Bilderbücher: Theorie. Baltmannsweiler: Schneider Verlag Hohengehren. S. 12-23

Thiele, Jens (2000): Das Bilderbuch: Ästhetik – Theorie – Analyse – Didaktik – Rezeption, Oldenburg: Isensee Verlag

Thiele, Jens; Steitz-Kallenbach, Jörg (2003): Handbuch Kinderliteratur: Grundwissen für Ausbildung und Praxis, Freiburg: Herder Verlag

BEI GRIN MACHT SICH IHR WISSEN BEZAHLT

- Wir veröffentlichen Ihre Hausarbeit, Bachelor- und Masterarbeit

- Ihr eigenes eBook und Buch - weltweit in allen wichtigen Shops

- Verdienen Sie an jedem Verkauf

Jetzt bei www.GRIN.com hochladen und kostenlos publizieren